AGRECO

ΟΙΚΟΣ ΕΛΛΗΝΙΚΩΝ ΑΓΑΘΩΝ

Inhalt

Nach langem Forschen in den kretischen Traditionen, hat man bei Agreco begonnen, Jahrhundertealte Erfahrungen im organischen Anbau in einer einzigartigen Form Ausdruck zu verleihen: «Philoxenia» dem griechischen Wort für Gastfreundschaft.

Produkte

Feste

Küche & Rezepte

Willkommen auf einem märchenhaften traditionellen Gutsbetrieb …

Adele erhebt sich sanft von der Küste und erstreckt sich über das hügelige Vorgebirge des Ida, Kretas höchsten Gipfels, dass nach der Nymphe benannt ist, die Gottvater Zeus mit der Milch der Ziege Amalthia ernährt haben soll. Je mehr man ins Landesinnere vordringt, verändert sich das Landschaftsbild. Das weiche Profil der Küste wellt und windet sich in Kurven. Das hohe Schilf verschwindet und macht den Boden frei für Olivenhaine und Weinstöcke, an denen saftige Trauben hängen. Die salzige Meerbrise ist nicht mehr zu spüren. Dort oben duftet es intensiv nach wilden Kräutern. Das hypnotisierende Geräusch des rauschenden Meeres, geht über in die melodiösen Klänge der zwitschernden Vögel. Das ist das Herz der kretischen Landschaft. Wo man geht und steht im Inland von Rethymnon, befindet man sich auf historischen Boden. Die Erinnerung daran, scheint in jedem Stein, des Agreco Haupthauses eingemeißelt zu sein. Agreco ist von Nikos Daskalantonakis geschaffen worden. Er ist der Gründer der größten Hotelkette Griechenlands. Einer Vision folgend, hatte er sich zum Ziel gesetzt seinen Gästen ganzheitliche, frische Produkte anzubieten. Gleichzeitig wollte er damit ländliche Regionen wieder durch ökologische Landwirtschaft ankurbeln. Für ihn ist Gastfreundschaft eine Form des Lebens. Auf Kreta, wo sie seit der Antike groß geschrieben wird, bedeutet jemanden willkommen zu heißen soviel wie, ihn in die Familie aufzunehmen. Kyrios Nikos, Herr Nikos, wie das ältere Personal ihn zu nennen pflegt, macht keinen Unterschied zwischen seiner Rolle als Patriarch der Daskalantonakis Familie und seinem Vorsitz in der Grecotel-Kette – abgesehen davon, ist seine Familie heute viel größer geworden.

Die Farm

Mit verschnörkelten Säulen und in Stein eingemeißelten Verzierungen waren die kleinen Prachtbauten der minoischen Prinzen und venezianischen Ehrenleute seit Millionen von Jahren ausgeschmückt. Damit haben sie immer wieder versucht, dieses gesegnete Land zu erobern. Stattdessen waren sie es, die sich diesem Land unterordneten. Und dezent fügten sich ihre Monumente in die atemberaubende Landschaft ein.

MIT DEN HÄNDEN GEFORMT, BEWAHRT JEDER STEIN BEI AGRECO EINE AUSGEWOGENE BALANCE ZWISCHEN MENSCH UND NATUR. DIE FARM UND IHRE GEBÄUDE STEHEN IN VOLLKOMMENER HARMONIE ZU DER LANDSCHAFT.

Olivenpresse

Das Olivenöl ist so wertvoll und seine Bezeichnung als «flüßiges» Gold scheint keineswegs übertrieben!

Kreta ist ein, durch sein Klima gesegnetes Land. Hier haben insbesondere Olivenbäume ideale Wachstumsbedingungen. Die Früchte reifen im Winter und werden per Hand und mit der Hilfe von Netzen gesammelt. Danach geht es zur Ölmühle. Hier entsteht durch Zusammenpressen der Früchte das kostbare Olivenöl.

In der Antike zerdrückte man die Früchte zunächst mit Holzlatten. Zwei schwere Steinräder, die durch die Hilfe von Tieren gedreht wurden, pressten aus den bereits zerdrückten Olivenfrüchten den kostbaren Saft - das Olivenöl - heraus. Heutzutage hat man diesen Vorgang durch moderne Techniken ersetzt und automatisiert.

Die Familien, die heute vom Ölbaum leben müssen, sind vor allem während der Wintermonate mit dem Ernten der Oliven beschäftigt. Von Oktober bis Januar werden in geduldiger Handarbeit, die Oliven gesammelt, und sofort in der nächstgelegenen Ölpresse abgeladen.

Auf Agreco findet man sowohl eine mit Eselskraft betriebene traditionelle (*Eleotrivio*) als auch eine moderne Olivenpresse (*Fábrika*).

PLINIUS PLÄDIERTE FÜR EIN SPÄTES ERNTEDATUM DER OLIVEN, JEDOCH BELEGEN LANGJÄHRIGE STUDIEN, DASS DIE NICHT GÄNZLICH AUSGEREIFTEN FRÜCHTE DAS QUALITATIV BESTE OLIVENÖL HERGEBEN.

AM ANFANG WAREN ES DREI: Getreide, Olivenöl und Wein. Die drei wichtigsten Säulen in der Ernährungsskala der Antike. Ohne diese drei gab es keinen Handel und keinen Wohlstand.

Wassermühle

Wasser als Lebenselixier mit spiritueller Dimension zur Reinigung

Seit Jahrtausenden stand die Wassermühle im Zentrum landwirtschaftlichen Lebens. Die Bauern brachten ihr Weizenkorn zur Mühle. Dort wurde es in großen Behältern gesammelt und durch riesige Steinräder gemahlen. Am Ende wurde das Korn vom Mehl mit einem Sieb getrennt. Die Muhle wurde mit Wasser betrieben. Wie das funktionierte, das kann man heute in der Wassermühle auf Agreco noch einmal nacherleben. Außerhalb der Wassermühle verläuft ein scheinbar natürlicher Fluss, der aber künstlich angelegt worden ist. Er wirkt jedoch sehr ursprünglich, da sich viele Steine darin befinden und zahlreiche Pflanzen an seinem Rand gedeihen. Der Fluss schlängelt sich fast durch die gesamte Farm und endet in einem kleinen Teich. Von dort wird er wieder hochgepumpt und bewässert zusätzlich alle Felder der Farm. Das Wasser wird aus Quell- und Regenwasser gewonnen und dient als Energiequelle für das Betreiben der traditionellen Wassermühle.

Holzofen

Wie die Feuerstelle in der Antike, ist der Ofen auch heutzutage der Mittelpunkt in jedem Haushalt

In den ländlichen Gebieten Kretas ersetzt immer noch der eigene Ofen am Haus den Gang zum Bäcker. Bevor die Hausfrauen Ihren Brotteig anfertigen segnen sie das Mehl. Beheizt wird der Ofen, indem man in seinem Inneren ein kräftiges Holzfeuer entfacht und, sobald es ausgebrannt ist, werden Asche und Glut entfernt, um in der aufgeheizten Kammer zu backen. In vielen Dörfern sprechen sich die Hausfrauen untereinander ab und bestimmen einen Termin, an dem sie alle gemeinsam ihre Brote backen.

Brotofen können zwei Meter hoch sein und haben idealerweise einen Grundriss von 1,80 x 1, 70 Meter. Zuerst wird der Sockel aus Mauers einund Zement gemauert und mit Steinen und Erde aufgefullt. Dann wird der Ofen von innen heraus, rund oder rechteckig aufgemauert. Auf der einen Seite bleibt eine Öffnung frei durch die später das Brot hineingeschoben wird. Am Ende steht das Verputzen und das Auslegen von farbigen Kacheln. In der Regel dauert der Bau eines einfachen Brotofens vier Tage.

GRIECHEN HABEN EUROPAWEIT DEN HÖCHSTEN BROTKONSUM. AUF KRETA WIRD ZU VIELEN FESTTAGEN DAS PASSENDE BROT GEBACKEN UND AUCH ENTSPRECHEND BENANNT.

Einkaufsladen

Traditionell galt der «Bakaliko»
als wichtigstes Handelszentrum eines Dorfes.

Das griechische Wort für Einkaufsladen "Pantopoleion" (Umgangssprache: verkauft alles) beschreibt eher die eigentliche Bedeutung dieses Geschäfts, als das Wort "Bakaliko", dass aus dem Türkischen "Bakkal" stammt und heute verwendet wird. Der griechische Einkaufsladen war mehr als nur ein Tante-Emma-Laden. In den kleinen abgelegenen Ortschaften wurde es ebenso als Bankfiliale, Postbüro und für viele andere Aufgaben genutzt.

Weinkellerei

Dionyssos – der Gott des Weines. Seit 4.000 Jahren
werden Ritualen zu seinen Ehren abgehalten.

Früher wurden die Weintrauben in große Behälter gegeben und mit den Füssen zertreten. Der gewonnene Traubensaft wurde dann in Holzfässer abgefüllt und zum Gären gelagert. Auf Kreta werden die Überreste der Trauben nicht weg geworfen, sondern zur Herstellung der kostbaren "Medizin" den Raki benutzt. Die hausgemachten Weine sind frei von Konservierungsstoffen, haben einen vollen Geschmack und schmecken herrlich frisch. Sie werden in der kühlen Weinkellerei entweder in Holzfässern oder in Flaschen gelagert und zu Festen jeglicher Art serviert.

Kurse

Bei Agreco geht es mächtig turbulent zu.

Obwohl Kreta mit einem angenehmen Klima gesegnet ist und eine lange Wachstums- und Ernteperiode aufweist, die sich über sechs bis sieben Monate hinaus streckt, geht es im Winter recht unproduktiv zu. Die Natur liegt im Winterschlaf. Um die dunklen Monate des Jahres, so genussvoll wie möglich zu verbringen, legen die Bauern von Frühjahr bis Herbst einen Teil ihrer Ernte als Wintervorrat an. Die Lagerung der einzelnen Produkte vollzieht sich in mehreren kleinen Arbeitsgängen. Aus einer großen Auswahl an Früchten und Gemüse, die alle auf der Agreco Plantage gedeihen, beritet man köstliches Eingemachtes.

DIE ALTEN GRIECHEN VERWENDETEN FEIGEN ZUM AROMATISIEREN VON WEINEN.

AUF KRETER LAGERN VIELE FAMILIEN ZUR GEBURT IHRER KINDER WEIN EIN, DER ERST ZU DEREN HOCHZEIT GETRUNKEN WIRD.

Kirche

Die Kirche gehört seit vielen Jahrhunderten ins Gefüge der kretischen Gemeinschaft.

Die Einflüsse der byzantinischen und venezianischen Herrscher sind in den kretischen Kirchen und Klöstern bis heute erkennbar. Nicht ohne Grund gehören diese Gebäude zu den schönsten Griechenlands. Aber noch bezeichnender sind die kleinen Kapellen, die mitten in der kretischen Landschaft, wie einzelne Punkte platziert worden sind. Manche Kapellen sind sogar entlang der Küste in Höhlen entstanden. Andere hängen gefährlich am Rand einer tiefen Schlucht. Die Kirche ist ein unverzichtbares Teil der kretischen Kultur, tief in den bäuerlichen Ritualen eingebettet, wie das Schafsscheren und die Hochzeit.

Auch das Brot zählt zusammen mit Olivenöl und Wein zu den wichtigen Produkten der Insel – es ist mit den kirchlichen Ritualen aufs Engste verbunden.

BAUERNFAMILIEN ERRICHTEN OFT PRIVATE KIRCHEN AUF IHREM LAND UND WIDMEN DIESE EINEM BESTIMMTEN HEILIGEN.

Gästehäuser

Jede Farm, ungeachtet wie groß,
bietet Raum für ihre Gäste.

Jedes kretische Haus nimmt Gäste auf, besonders zu Zeiten der Ernte und wann immer Hilfe vonnöten ist. Traditionell werden die Räume in den kretischen Häusern rund um die "Oda" angelegt. Das ist ein zentraler, großzügig angelegter Raum, in dem die meisten familiären Aktivitäten stattfinden. Von diesem Raum aus gehen alle anderen Zimmer ab, wie die Küche, das Badezimmer, die breite Veranda und die Speisekammern.

Die Innenräume sind sauber und mit selbstgewebten Teppichen dekoriert und riesige Pfannen hängen an den Wänden der Küche, so als wollten sie dort eine Wanddekoration imitieren. Sofas und Betten sind oft selbstgezimmert und mit flauschigen Teppichen überzogen.

ZEUS, DER GRIECHISCHE GOTT DER GASTFREUNDSCHAFT

Der griechische Gottvater Zeus wurde in Ideon Andro auf Kreta geboren und von seiner Mutter Rhea versteckt, um vor seinem Vater Kronos sicher zu sein, der seine eigenen Kinder verschlang. Von Amaltheens Horn, ein Symbol der Reichhaltigkeit, flossen Milch und Honig, die zur Ernährung des kleinen Zeus beitrugen.

Traditioneller Anbau

Im Einklang mit der Natur sein, bedeutet nach dem Rhythmus und den Gesetzen der Natur zu leben. Tief in der kretischen Tradition verwurzelt, hat man auf Agreco versucht, seit Jahrhunderten angewandte, natürliche Anbauweisen wieder neu zu beleben.

JEDER SAISON BEGINNT MIT EINEM FEST DES LEBENS UND JEDE ERNTE WIRD VON TÄNZEN UND ANDEREN FESTLICHKEITEN BEGLEITET. EINE DANKSAGUNG AN GOTT FÜR DAS VERGANGENE ERTRAGREICHE JAHR.

Olivenbaum

Es gibt keinen Baum auf Kreta, dem mehr Bedeutung zukommt, als dem Ölbaum (olea europaea). Den Griechen ist er heilig, seine Früchte, die Oliven, gehören neben dem Schafskäse zum wichtigsten griechischen Nahrungsmittel. Und das daraus gewonnene Olivenöl bildet den Grundstoff in der Zubereitung nahezu aller Gerichte. Das Wissen um die Nutzung des Ölbaums und seiner Schätze war bereits den Menschen der Antike bekannt. Kaum ein anderes Nahrungsmittel ist von Medizinern der Antike so ausführlich getestet und behandelt worden, wie das wertvolle Öl des Olivenbaums. Die Ernährungswissenschaftler betrachten Brot, Wein und Olivenöl als die drei heiligen Säulen der griechischen Ernährung. Aber auch in der Mythologie, Biologie, Religion, Medizin, Malerei, Literatur und bei sportlichen Wettkämpfen standen der Olivenbaum, der Olivenzweigkranz und auch die Frucht immer wieder im Zentrum menschlichen Interesses. Das ist bis heute so geblieben. Der Ölbaum ist der große "Star" unter den griechischen Bäumen. "Was wünscht sich der Mensch mehr als eine Heimatinsel, eine Frau aus seinem eigenen Land und einen Olivenbaum", pflegten die Menschen um 1900 zu sagen.

ATHEN – EIN MIT MYTHOS BEHAFTETER NAME

In der Antike glaubte man, dass ein Wettkampf zwischen Athena und Poseidon über die Namensgebung der Stadt Athen entschieden hat. Athena pflanzte auf der Akropolis einen Olivenbaum, gab somit der Menschheit ein wahrlich wertvolles Geschenk und wurde zur Siegerin und Beschützerin der Stadt erkoren.

Ein immergrüner Baum mit graugrünen Blättern,
die auf der unteren Seite silbrig weiss schimmern...

Weinberge

Ein guter Wein erfreut Herz und Seele.

Obwohl Kreta die meist besuchte griechische Insel ist, kennt niemand im Ausland ihre Weine. Dabei verarbeiten die kretischen Winzer 4 Spitzenreben, die allesamt antiken Ursprungs sind: die weiße Vilana, die rote Kotsifali, Liaitiko und Mandelari. In der Region Peza und Archanes sind die Winzer angesiedelt, die 2/3 ihrer jährlichen Produktion ins Ausland verkaufen. Die Weine entstehen nicht nach internationalen Standards, sondern werden nach traditionellen griechischen Keltermethoden produziert. Allen voran steht die schonende Verarbeitung. Die Weinlese ist reine Handarbeit. Um eine Verletzung der Trauben zu vermeiden, wird ausschließlich in kleinen Gebinden gelesen, die in pneumatischen Pressen entsaftet werden. Im Gärungsprozess werden die Fruchtaromen schonend behandelt, in dem der Most in den Edelstahltanks gekühlt wird. Bei den Rotweinen experimentiert man in den letzten Jahren erfolgreich, durch die Mischung von Kotsifali-Liaitiko und Mandelari-Kotsifali Reben. Kretische Weißweine können zartaromatisch, frisch und nach Apfel schmecken. Die Rotweine überzeugen durch niedrige Tanninwerte, schmecken würzig-erdig mit strengem Charakter. Trotz ihres geringen Bekanntheitsgrades sind kretischen Weine die ursprünglichsten Gaben, die aus der kretischen Erde hervorgegangen sind.

Begriffszeichen Linear B Schrift,
der Weinberge repräsentierend.

IN DER ANTIKE WURDE WEIN MIT WASSER GEMISCHT UND ALS DESINFEKTIONSMITTEL VERWENDET.

KANTAIFI

Extra dünne Spaghetti oder fein gesponnene Wolle? Auf dem Weg zum Volkskundemuseum von Rethymno gibt es einen Laden, der Kantaifi, eine süße Spezialität, anbietet. Wenn man will, kauft man den selbstgemachten Kantaifi-Teig dort ein und stellt diese Süßigkeit zu Hause selber her. Hier befindet sich auch eines der schönsten Tore von Rethymno mit venezianischer Inschrift: VIRTUTE FULCIDA DOMUS. MDCIX-KAL. JUNII (Die Tugend erhält das Haus. Anfang Juni anno 1609).

Weizenmehl

Weizen wird bereits seit vielen Jahrhunderten auf Kreta kultiviert. In manchen abgelegenen Gegenden, die weit ab von den fruchtbaren Regionen liegen, stellt der Weizenanbau die einzige Einnahmequelle der Bauern dar. Weizenmehl wird nicht allein zum Brotbacken verwendet, aber es ist auch eine wichtige Zutat für viele delikate kretische Gerichte. Viele ehrgeizige Köche verwenden Weizenmehl in ihren Lieblingsgerichten. Als Symbol für Fruchtbarkeit und Leben wird Weizenmehl gerne bei Ritualen eingesetzt: Geburt, Hochzeit und Tod. Weizenmehl wird geknetet, gerollt, in dünne Teigstreifen geschnitten, zu Lazania (Nudeln) oder Xerotigana verarbeitet. In schweren Zeiten wurde Weizen mit Ziegenmilch verrührt, der Teig anschließend in kleinen Klumpen oder Streifen geformt, dann getrocknet und als nahrhafter "Trachanas" oder "Hondros", als kretische Griesversion, zubereitet.

Weizen war für die Kreter in schweren Zeiten das einzige berlebensmittel. Aus diesem Grund hat es in guten Zeiten seinen ehrenvollen Stellenwert in der kretischen Gesellschaft behalten.

DAS SCHÖNE LEBEN

Entdecken Sie die Essenz des Wohlbefindens: eine perfekt geschnittene Tomate, die regelrecht vom Aroma dahin fließt, hand-gepflückte Oliven, die in einem alten Tonkrug eingelegt sind, dazu die wärmende Sonne auf ihrer Haut.

Gemüse

Das kretische Mutterland – ein großzügiges Land. Im Überfluss hat es seit Anbeginn der Zeit Götter und Menschen ernährt.

Hier auf diesem fruchtbaren Land treffen sich Mythos und Wahrheit in der Legende des sagenumwobenen Amalthia Horns, Cornucopia wieder. Auf dieser einzigartigen Farm von Agreco erlebt man die traditionelle kretische Lebensart. Auf einem Spaziergang rund um das Anwesen oder im Gemüsegarten. Dort reifen die Tomaten langsam heran und werden erst wenige Augenblicke vor ihrer Weiterverarbeitung in der Küche gepflückt. Es gibt auch Zwiebel, Zucchini, Gurke, Bohnen, Okras, Spinat, Ruccola, Artischocken, Kartoffeln, Auberginen, Paprika und vieles mehr.

Alles was auf der Farm wächst kommt in der Küche zum Einsatz, wo der Chef von Agreco traditionell kretische Gerichte zubereitet, die in der dazugehörigen Taverne als Menu angeboten werden.

Im Roman "Die letzte Versuchung Christi" verwendet Nikos Kazantzakis das Motiv der Gemüseernte als ein starkes Symbol für das häusliche Leben. Das ist der Abschnitt, wo sich Christus auf dem Weg zu einem Wüstenkloster macht, um über seine Aufgabe in der Welt nach zu denken.

Früchte

Einen Löffel eingemachten Quittengelees zu kosten,
ist wie die Schönheit und Poesie Kretas zu schmecken.

Kretas Inselküche ist eine einfache, bekömmliche Küche, die ihre kulinarischen Farben mit den Jahreszeiten wechselt. Diese saisonal bedingte Küche ist der Garant für Vitaminreichtum und Ernährungsvielfalt. So kann man täglich schlichtes, gesundes und abwechslungsreiches Essen im ganzen Land kennen lernen.

Auf den riesigen Feldern der Farm gedeihen Trauben, Pfirsiche, Granatäpfel, Quitten, Aprikosen, Birnen, Lotus, Kaktusfeigen, Erdbeeren, Maulbeeren, verschiedenste Zitrusfrüchte, wie Orangen, Mandarinen und Zitronen. In der Küche stehen den einheimischen Frauen und zaubern auf herkömmliche Weise aus allen Früchten, die die Farm hergibt, selbstgemachte Marmelade oder sie glasieren und legen Früchte ein.

Begriffszeichen Linear B Schrift,
der Baum repräsentierend.

Kreta, ein botanisches Paradies

Eine Insel, die um ein Vielfaches kleiner ist als Deutschland, dafür aber unendlich viele Pflanzenarten aufweist.

Von den 2.000 auf Kreta gefunden Pflanzenspezies eine große Anzahl ausschließlich auf Kreta gedeiht. Der botanische Reichtum der Insel erstreckt sich, aufgrund der prachtvollen Landschaftsformen und der diversen Klimazonen, von nahezu tropischen bis zu Hochgebirgspflanzen.

Die kretischen Gerichte verdanken ihr Aroma der Fülle wilder Kräuter, die auf der Insel gedeihen. Köche fügen oft eine Fingerspitze gehackter Kräuter bei, die wenige Minuten vorher im Garten frisch gepflückt oder von einem Bergausflug mitgebracht wurden. Wildes Grün wie Malve, Molocha, ein hervorragendes Beispiel der gesunden kretischen Ernährung. Kräuter sind nicht nur da, um den Geschmack zu verbessern, sie weisen auch heilende Eigenschaften vor. Ein Tee aus kretischer Eschenwurzel, Diktamos, nach einer Mahlzeit unterstützt die Verdauung. Feingeschnittener Salbei, Faskomilo, in Salaten oder mit Fleisch gekocht stärkt das Immunsystem und schützt vor Erkältung.

GESUNDHEIT DURCH KRÄUTER. DAS ERREICHEN HOHEN ALTERS BEI DEN KRETERN KANN VIELLEICHT AUCH AUF DEN GENUSS VON SARANDADENTRI (EINE MISCHUNG AUS 40 WILDEN KRÄUTERN, BLÜTEN UND SAMEN) ZURÜCKGEFÜHRT WERDEN.

EIN KRETISCHER SCHLAFBALSAM

Für eine geruhsame Nacht kochen Sie eine Handvoll Kamilleblüten mit Rosenblütenblättern, reichlich Vollkornbrot und weißem Wein zu einem kräftigen Brei. Teilen Sie diesen in kleine Teile und tragen sie ihn einerseits auf ein Stück Leinen oder einen ähnlich dünnen Stoff, andererseits auf ein Halstuch. Legen Sie die Breiumschläge auf die Schläfen und Fußsohlen.

Hof

Der Hof ist das Herz der Agreco - Farm. Der Viehbestand wird nicht nur wegen seiner Produkte - Honig, Milch, Wolle – gehalten, sondern ist wesentlicher Bestandteil des Farmlebens und wirkt bei den alltäglichen Arbeiten der Farm, wie beispielsweise das Betreiben der Wassermühle und die Beseitigung von Unkraut.

REHE, KRETISCHE WILDZIEGE (KRI-KRI), KANINCHEN, REBHUHN, FASANE, WACHTELN, TAUBEN, ZWERGHÜHNER, KÜCKEN, ENTEN, GÄNSE, WILDSCHWEINE, ESEL, SCHAFE, ZIEGEN, STRAUß, PERLHÜHNER, BIENEN.

EIN INTERESSANTER KONTRAST
Kosten Sie kretischen *Graviera* (Gruyere) Käse mit Thymianhonig und genießen Sie diesen interessanten Kontrast von salzig und süß.

Käse

Seit Tausenden von Jahren gehört Käse zur typisch kretischen Ernährung.

Der Mythologie gemäß, hat Gott Apollon seinem Sohn die Technik der Käseproduktion erlernen lassen. Käse war bereits im alten Griechenland sehr beliebt und wurde damals schon genauso hergestellt wie heute. Homer berichtet davon sogar in der "Odyssee". Als Lab wurde damals der Saft des Feigenbaumes (opós) verwendet und die Milch stammte von Schafen oder Ziegen. Aus Kuhmilch stellte man nur sehr fetthaltigen Käse her und Eselsmilch war für die Schafskäseherstellung unbrauchbar, weil zu dünn. Käse aß man mit Gemüse, Feigen und Oliven genauso gern, wie auch auf Brot überbacken - eine Vorform der italienischen Pizza.

Milch

Eine reichhaltige und wertvolle Nahrung für Menschen, Helden und Götter.

Als volle und reichhaltige Nahrung fand die Milch sehr früh ihren Platz in den Ernährungsgewohnheiten der alten Griechen. Das beweisen auch die minoischen Siegel aus Kreta, auf denen männliche Gestalten dargestellt sind, die Ziegen begleiten und Gefäße mit Milch tragen. Milch war bei Menschen und Göttern ein sehr beliebtes Produkt. Auf Kreta holt man seine Milch lieber direkt beim Bauern und bereitet hausgemachten Joghurt zu. Diese Milch hat den Vorteil über alle erforderlichen Milchsäurebakterien zu verfügen, was wiederum die Grundlage für den richtig guten Joghurt ist.

Eier

Nichts ist schöner, als ein frisch gelegtes Ei in den Händen zu halten.

Traditionell werden Eier eher mit anderen Zutaten gekocht und weniger alleine gegessen. Eine Ausnahme bilden die rot gefärbten Ostereier, die am Ostersonntag als Symbol für Glück aufgeschlagen werden. Dennoch ist das sfougato, ein simples Bauernomelett, dass mit frischen Tomaten, Feta - Käse und Olivenöl zubereitet wird, eines der beliebtesten Gerichte während der heißen Sommermonate auf der Insel.

Fleisch

Auf Kreta wird seit Urzeiten Lamm- oder Ziegenfleisch bei festlichen Ereignissen serviert.

In den lokalen Gerichten kommt Schweinefleisch und in geringen Mengen auch Rindfleisch durchaus vor. Das Osterlamm wird in Griechenland am Spieß gegrillt oder in purer Erde vergraben und auf diese Weise gebacken. Nur auf Kreta wird es auch als Teigfüllung zubereitet und mit einer cremigen Käsesoße bestrichen. Diese einzigartige Pita wird so lange gebacken bis sie ganz knusprig geworden ist und der gesamte Saft des Fleisches verdunstet ist.

Honig

Honig – ein göttliches Erlebnis
für den Gaumen.

Der süße Geschmack und die bernsteinartige Farbe des Honigs haben bereits in der Antike einen wichtigen Platz in der Gastronomie eingenommen. Honig auch war eine kostbare Opfergabe für die Götter der Unterwelt. Hades und Persephone diente es als Grabbeigabe, da Honig den Übergang in eine andere Welt symbolisierte. In der Kunst diente Bienenwachs zur Modellierung kleiner Figuren und die Biene war eines der Hauptmotive auf minoischen Schmuckstücken.

Reich an Vitaminen und fertig zum Verzehr zählt der Honig bis heute zu den feinsten und wertvollsten Nahrungsmitteln. Kretischer Honig ist rein, frei von Konservierungsstoffen und duftet nach tausend Blumen, Sträuchern und dem Salz des Meeres.

DER KRETISCHEN MYTHOLOGIE NACH, WAR HONIG DIE ERSTE SPEISE DES NEUGEBORENEN ZEUS.

Féta - Käse

Weltweit bekannt und meist verzehrtes Nahrungsmittel in Griechenland.

Die Bezeichnung Féta (Schafskäse) bedeutet Scheibe oder Stück und verweist auf das Schnittverfahren bei der Herstellung, wo der Schafskäse in großen Scheiben geschnitten und in Salzwasser eingelegt wird. Dadurch hält er sich über viele Monate frisch. Für den Verzehr sollte deshalb der Schafskäse bei klarem fließendem Wasser länger abgespült werden. Es gibt kaum einen Tag an dem nicht ein Stück Schafskäse auf dem griechischen Essenstisch steht. Jede griechische Familie verzehrt im Jahr mindestens 100 Kilogramm griechischen Schafskäse. Somit rangiert Griechenland neben Frankreich weltweit auf der Käse-Richterskala an oberster Stelle.

Begriffszeichen Linear B Schrift,
der Käse repräsentierend.

GRIECHISCHER BAUERNSALAT

Vier große gut gereifte Tomaten, eine Gurke, zwei grüne Paprikaschoten in Scheiben oder Stücke und eine Zwiebel in Ringe schneiden. Alle Zutaten in eine Salatschüssel geben. Sechs Eßlöffel Olivenöl und zwei Eßlöffel Weinessig gut miteinander verrühren und darübergießen.

170 gr Fetakäse und einige Oliven hinzufügen und mit Oregano, Salz und Pfeffer abschmecken. Die Menge reicht für sechs Personen.

Produkte

Einen Löffel eingemachten Quittengelees zu kosten oder an einer Tasse Diktamus-Tee zu nippen, ist wie die Schönheit und Poesie Kretas zu schmecken, weil jeder einzelne Bissen und jeder Schluck liebevoll per Hand zubereitet wurden.

DIE EIER UND DAS ÖL SCHLAGEN. WASSER, SODA UND MEHL DAZUGEBEN, BIS DER TEIG ZIEMLICH FEST WIRD. IN EIN TUCH GEWICKELT STEHEN LASSEN. DIE FÜLLUNG ZUBEREITEN: DIE MIZITHRA MIT DEN EIERN, DEM ZIMT UND DER MINZE VERMISCHEN. DEN TEIG AUSWELLEN UND MIT EINEM GLAS RUND AUSSTECHEN. ETWAS FÜLLUNG DARAUF GEBEN UND ZUSAMMENLEGEN. IN HEIßEM ÖL AUSBACKEN

Käseteigtaschen mit Honig

Mizithropitákia

ZUTATEN

Für den Teig		*Für die Füllung*	
1 kg	Mehl	1kg	Mizithra (Frischkäse)
2	Eier	2	Eier
1 TL	Soda	1 TL	Zimt
1 Tasse	Wasser		Minze, feingehackt
1/3 Tasse	Öl		Honig

SERVIERVORSCHLAG

Mit Honig überzogen servieren.

Rezept für 24 Stück

NICHTS GEHTS VERLOREN

Alles was auf der Farm wächst kommt in die Küche, wo man aus einer großen Auswahl an Früchten und Gemüse, köstliches Eingemachtes zubereitet.

Fruchtmarmeladen

Jeder Tupfer Fruchtmarmelade auf einer sfakischen Pita macht aus einem schlichten Gericht eine delikate Handlung.

Zucker als Konservierungsmethode zum Einlegen von Früchten zu verwenden ist so alt, wie die kretischen Berge – etwas, dass uns auch ein römisches Kochbuch des 1. nachchristlichen Jahrhunderts belegt. Es beschreibt dieselben Methoden zum Einlegen von Obst, wie sie uns heute bekannt sind. Es gibt wohl Nichts, das nicht als Marmelade oder Gelee zubereitet werden kann – und Nichts ist so erbaulich, wie das Öffnen eines Küchenschranks, in dem Gläser voller Obstmarmelade, feinen Juwelen gleich, vor sich hin glitzern.

Die kretischen Rezepte beinhalten die puren Früchte ohne Konservierungsstoffe. Nur ein wenig Zitronensaft wird zugefügt, um das natürliche Pektin in der Frucht zu ergänzen.

Ein Löffel Aprikosen- oder Erdbeermarmelade über frischen Joghurt oder auf einem Vollkorntoast reicht aus, um die warmen, trägen Tage des Sommers auf der Farm zu versüßen.

Löffelsüßes

Das in Zucker aufgekochte Obst und Gemüse ist in Griechenland als Löffelsüßes bekannt und man kann es fertig im Glas kaufen.

Zwar hängt heute das Bestehen einer Familie nicht mehr davon ab, wie gut sie ihre Ernte über den Winter retten kann. Die Vorliebe für den besonderen Geschmack von eingemachtem Obst und Gemüse hat jedoch dazu beigetragen, dass die Kunst des Einmachens Tiefkühltruhen und Importobst überdauert hat.

Grundzutat eines glikó kann Vieles sein. Besonders beliebt sind Orangen, Kastanien, Zitronen, Äpfel, Birnen, Quitten, Trauben, Feigen und sogar junge Auberginen, Gurken und Tomaten. Geschmackliche Raffinesse ist wichtig und besonderes Augenmerk legt die Hausfrau auch auf die optische Darbietung der Früchte im Glas.

HIMMLISCH SÜSS

Servieren Sie Ihr Löffelsüßes mit Joghurt oder Eis.

KLEINE AUBERGINEN IN SIRUP *Glikó Melitzanáki*

1 kg	**kleine, weiche Auberginen (ca. 5cm lang)**
	Mandeln, gleiche Anzahl wie die Auberginen
1 kg	**Zucker**
2 Tassen	**kaltes Wasser**
2 EL	**frischer Zitronensaft**
2	**Vanillestangen**
5	**Gewürznelken**

Die Strünke der Auberginen abschneiden und die Früchte an einer Seite einschneiden. Für 24 Stunden in kaltes Wasser geben, dabei Wasser mehrfach wechseln. Abtropfen, in jeden Schnitt eine Mandel stecken. Anschließend zubinden. Zucker, Wasser, Gewürznelken, Vanillestangen und Auberginen in einen Topf geben und ca. 6 Minuten kochen. Abkühlen lassen und 24 Stunden stehen lassen. Auberginen herausnehmen und die Fäden entfernen. Den Sirup zum Kochen bringen, die Auberginen zugeben und kochen, bis der Sirup dickflüssig wird. Wiederholt Schaum abschöpfen. Ganz zuletzt Zitronensaft zufügen. Abkühlen lassen und in Gläser füllen.

Süße Gastfreundschaft – Keine Einladung ohne das kleine Süße vom Löffel, das ist sich die kretische Gastgeberin schuldig!

Kräuter

Schönheitskräuter, Gesundheitskräuter.... Jede Pflanze ist ein Geschenkladen für die Schönheiten der Natur.

Brot und 'Paximadi'

Liebe geht durch den Magen.

Ein Lebensmittel gehört unverzichtbar zu jeder kretischen Mahlzeit: Brot. Bei Tisch wird immer sorgsam darauf geachtet, dass der Brotkorb niemals leer wird. Ein Stück Brot in der Soße zu tunken oder damit den Teller zu säubern wird auf Kreta durchaus als Kompliment an die Hausfrau verstanden. Dabei bevorzugt man frisch gebackenes Brot.

Athenaios berichtete bereits in der Antike über die Vielfalt der Brotsorten, die bis heute erhalten geblieben sind. Von ungesäuertem, gesäuertem Mehlbrot, Schrotbrot, Vollkornbrot bis hin zu den beliebten Paximadi.

Interessant ist auch, dass der Lebenszyklus des Menschen von Brot begleitet wird. Zu Hochzeiten und Taufen backen beispielsweise die Hausfrauen einen speziellen Brotkranz, garniert mit Rosen, Zitronenblüten, Trauben und dekorieren ihn mit Vogelmustern. Er soll Glück bringen.

"KOUKOUVAGIA" (EULE) IST DAS TYPISCHSTE GERICHT DER FAMOSEN "KRETISCHEN DIÄTKÜCHE". KNUSPRIG GEBRATENES GRAUPEN- UND ROGGENBROT MIT GERIEBENEN ORGANISCHEN TOMATEN, LOKALEM FETA-KÄSE, OREGANO AUS DER AGRECO-FARM UND OLIVENÖL AUS EIGENER HERSTELLUNG.

Kosmetik und Parfüms

Heute werden die wilden Kräuter und andere Auszüge aus der Natur als Schönheitsmittel wieder entdeckt. Die Minoer, die sehr angewandte Techniken zur Parfümherstellung entwickelt hatten, waren dafür bekannt, dass sie duftende Kräuter, wie Lavendel und Rosmarin nutzten, um Körperöle und Cremes zu gewinnen. Joghurt gilt ebenfalls als großes Schönheitsmittel, vor allem zur Reinigung und Besänftigung der Haut. Kompressen aus trockenen Kräutern gemacht, reinigen und regen die Haut an. Für eine Schönheitsbehandlung von Gesicht und Haaren hilft Nichts so sehr, wie eine sanfte Massage mit reinem Olivenöl. Auf Agreco finden sie eine Reihe von natürlich hergestellten Kosmetikprodukten und pflegenden Seifen. Sie werden nach uralten Rezepturen gemacht.

APHRODITE, GÖTTIN DER SCHÖNHEIT

Jede Pflanze ist voller natürlicher Göttlichkeit. Die Alten Griechen glaubten, dass Aphrodite echten Dost, Oregano (Origanum vulgare) selbst kreiert hat. Oregano lindert fiebrige Erkältungen und Magenbeschwerden.

GEHEIMNISSE DER KRETISCHEN SCHÖNHEIT VERMENGEN SIE 1/2 TASSE MEERSALZ, 1 ESSLÖFFEL GEPRESSTEN LAVENDEL, 1/2 TASSE OLIVENÖL, 1 TROPFEN LAVENDEL-ESSENZ, 1 TROPFEN EUKALYPTUS-ESSENZ, 1 TROPFEN-TEEBAUM-ÖL, UND 7 TROPFEN IHRES BEVORZUGTEN ÄTHERISCHEN ENTSPANNUNGSÖLS. REIBEN SIE DIESES KÖRPERPEELING SANFT AUF DIE RAUEN KÖRPERPARTIEN WIE ELLBOGEN UND KNÖCHEL. ANSCHLIEßEND ABDUSCHEN.

In der Volksmedizin gelten aromatische Kräuter seit jeher als ein wichtiger Teil im Medizinkabinett der Natur.

DIE OLIVEN IM ALTERTUM

Oliven sind in Darstellungen auf Linear A' und Linear B' Tafeln festgehalten. Bei archäologischen Ausgrabungen in Zakros wurden einst essbare Oliven in versteinertem Zustand gefunden.

Begriffszeichen Linear B Schrift, der Olivenöl repräsentierend.

Olivenöl

Auf Kreta wird 70% der Weltproduktion von reinem Olivenöl erstellt.

Wissenschaftliche Untersuchungen haben ergeben, dass Olivenöl einen festen Bestandteil innerhalb unserer Ernährung einnehmen sollte, da es die Basis für ein gesundes und langes Leben darstellt.

Ein Grund warum die Kreter nachweislich länger leben, ist der hohe Anteil an Olivenöl, den sie verzehren. Das gilt im übrigen für ganz Griechenland: jeder Grieche verbraucht jährlich zwischen 20-24 lt. Olivenöl. Die Heilwirkungen des Olivenöls sind längst weltweit anerkannt:

- leicht verdaubar, denn es wird schnell und leicht vom Magen aufgesogen
- wirkt schmerzlindernd bei Gallenbeschwerden
- schützt die Haut vor UV-Strahlung
- beugt dem Alterungsprozess vor
- beugt Brustkrebs vor
- wirkt cholesterinsenkend
- ist herzschonend
- harmonisiert das Nervensystem hilft bei Ostein- (Knocheneiweißstoff) -Aufbau der Wirbelsäule

AGRECO EXTRA NATIVES OLIVENÖL IST EIN AUSGEZEICHNETES KRETISCHES OLIVENÖL, DAS AUS DER ERSTEN KALTEXTRAKTION UND VON HANDVERLESENEN OLIVEN GEWONNEN WIRD.

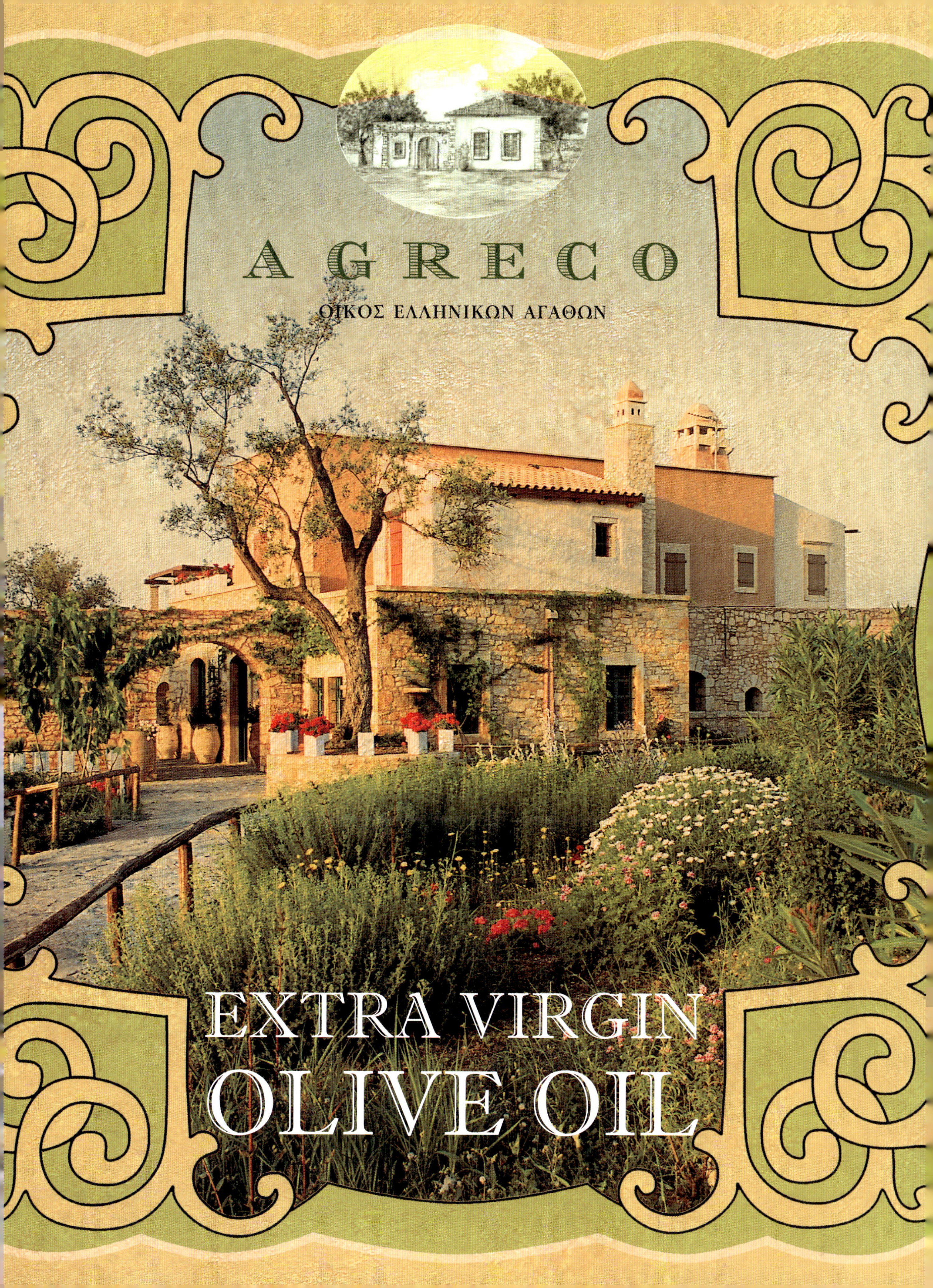
AGRECO
ΟΙΚΟΣ ΕΛΛΗΝΙΚΩΝ ΑΓΑΘΩΝ
EXTRA VIRGIN
OLIVE OIL

Feste

„ Zorbás lehrte mich, das Leben zu lieben und den Tod nicht zu fürchten“ Diese Worten von Nikos Kazantzakis prägen die kretische Mentalität, denn hier feiert man gerne, egal zu welchem Anlass.

Radierung von Santorinios Santorinakis

NEBEN DEN RELIGIÖSEN FESTEN, WIE OSTERN SIND AUCH DIE DER BAUERN UND VIEHZÜCHTER SEHR INTERESSANT, DIE AUS ANLASS DER ERNTE ODER AUFGRUND EINES BRAUCHS VERANSTALTET WERDEN. HOCHZEITEN UND TAUFEN GEHÖREN EBENFALLS ZU DEN FESTEN, DIE MIT VIEL TANZ, GESANG, WEIN, ESSEN UND LIEBE GEFEIERT WERDEN.

Ostern

Feste, Bräuche und Rituale prägen bis heute die Lebensweise der Menschen auf Kreta. Die Vorbereitungen der Osterwoche mitzuerleben ist ein reizvolles Erlebnis. Wer bereits in der Woche vor Ostern auf Kreta weilt, kann dabei sein, wenn der Priester während der Osterwoche täglich eines der zwölf Evangelien predigt. Die Hausfrauen sieht man schon fleißig bei der Arbeit. Sie wischen den Winterstaub aus ihren Häusern, Klopfen Teppiche und streichen die Hausfassaden frisch. Aber vor allem hat jede Frau bereits ihren Hefeteig für den traditionellen Osterzopf vorgeknetet. Er liegt in einem großen Bottich und alle warten ganz gespannt darauf, ob er am Ende richtig aufgeht. Donnerstags glänzen die ersten roten Eier auf dem Mittagstisch, aber gegessen werden dürfen sie noch nicht. Dann kommt der Karfreitag und alles ruht und trauert. Am frühen Morgen haben bereits die ersten Frauen den Epitaph, das symbolische Grab Christi mit frisch Blumen im Zentrum der Kirche geschmückt. Am Abend wird dieser Blumentisch in einer langen Prozession durch die Innenstadt getragen.

Traditionell angefertigte Osterkerzen werden in der Nacht zum Ostersonntag angezündet, nach dem der Priester "christos anesti", *Christus ist auferstanden* gerufen hat. Ein typisch griechisch gedeckter Ostertisch wird in jedem Haus nach intensiver Fastenzeit direkt im Anschluss der Osterliturgie serviert.

MUSIK UND TÄNZE

Die enge Bindung der Kreter mit der Musik oder den Tänzen findet man bereits in der Mythologie und den Anfängen der kretischen Geschichte. Bekannte Sagen, wie jene der Kureten, berichten davon, dass diese tanzend auf ihre Schultern schlugen, um das Schreien von Zeus zu übertönen. Die Tänzer bewegen sich immer zum Klang der Lyra im Kreis und führen die komplizierten Schritte der Tänzer vor. Die Kreter übertragen Volksweisheiten gerne in rhythmische Strophen, die sie "Mantinaden" nennen.

Das größte Kirchenfest der orthodoxen Christenheit: Ostern, zelebriert man hautnah mit der einheimischen Bevölkerung.

Erster Mai

Am Ersten Mai zieht es Gross und Klein raus in die Natur. Eifrig sammeln alle bunte Blumen und binden sie zu Kränzen, die dann an die Haustüren gehängt werden. Der Frühling beginnt!

Traubenlese

Eine unerläßliche und sehr mühselige Handarbeit im Septemper, zu deren Bewerkstelligung es vieler Helfer bedarf

WEINPUDDING

Moustalevriá

Einen Liter Most aufkochen und in einen Topf geben, der keinesfalls aus Aluminium sein darf. Etwas Zimtpulver, eine Handvoll Rosinen und 200 gr feinen Weizengrieß hingeben. Mit einem Holzlöffel bei kleiner Hitze köcheln lassen und häufig umrühren bis die Masse dick und der Grieß gar ist. Entweder noch warm in Schälchen gießen oder in eine mit Wasser ausgespülte Puddingform gießen, die vor dem Servieren gestürzt werden kann. In beiden Fällen die Masse mit einem kleinen Löffel Zucker bestäuben, und vor dem Servieren mit gehakkten Mandeln oder Nüssen bestreuen.

Statt 1 Liter gekochtem Most kann auch die Hälfte Most durch 1/4 Liter Wasser und 1/4 Liter Rotwein ersetzt werden.

Um eine Verletzung der empfindlichen Trauben zu vermeiden, wird ausschließlich in kleinen Gebinden gelesen, die dann in einem weiteren Arbeitsschritt in pneumatischen Pressen entsaftet werden. Während des Gärungsprozesses ist es entscheidend, dass die Fruchtaromen schonend behandelt werden und deshalb wird der Most in Edelstahlbehältern gekühlt. Die Traubenlese ist ein Fest mit viel Stimmung und Gesang, das beim "Traubentreten", der Vorbereitung für die Wein und Schnapsherstellung, fortgesetzt wird. Der Destillevorgang beginnt meist schon in den frühen Morgenstunden, viele Freunde und Verwandte versammeln sich und veranstalten ein Essen- und Trinkgelage, was bis spät in die Nacht anhält. Das Probieren des "frisch" erzeugten Raki steht dabei natürlich im Mittelpunkt!

Ernte

Die Ernte wird in den ländlichen Gebieten Kretas mit fröhlichen Erntedankfesten gefeiert.

Die Ernte des Weizens ist eine schwierige und mühselige Arbeit. In den Dörfern Kretas unterstützen sich dabei die Familien untereinander und der jeweilige Hausherr veranstaltet nach Abschluss der Arbeiten ein Fest, um sich bei den freiwilligen Helfern zu bedanken.

Auch heutzutage wird das Getreide in vielen Dörfern auf traditionelle Art geerntet. Das Getreide wird zunächst zum Trocknen ausgelegt.

Danach bringt man es in den Getreidekreis (Aloni). Ein Esel wird vor den Schlitten gespannt, dessen unterer Seite mit viele, kleine Messerchen bestückt ist. Um den Schlitten zusätzlich zu beschweren werden Steine aufgelegt. Geduldig dreht der Esel seine Runden und das Korn wird vom Halm getrennt. Später nimmt der Bauer eine Schaufel, wirft das Getreide in die Luft, so dass die Körner auf den Boden fallen, während der Halm vom Wind weggeweht wird. Das kostbare Korn wird zur Mühle gebracht, um daraus Mehl zu gewinnen.

Begriffszeichen Linear B Schrift, der Mädchen und Jungen repräsentierend.

Taufe

Die heilige Taufe ist das erste von sieben Sakramenten, in der griechisch-orthodoxen Kirche und ein bezeichnender Augenblick im Leben eines jeden Griechen, obwohl die meisten bereits im Kindesalter christianisiert werden.

Viel später erst, wenn sie älter geworden sind, lernen die Griechen die Bedeutung der Taufe und des Glaubens kennen. Besonders, wenn sich Viele von ihnen für eine Patenschaft entscheiden. Taufpate/in zu werden, bedeutet einen lebenslangen Bund mit einer anderen Familie einzugehen, der "koumbaria". Ein Kind zu taufen oder ein Paar zu trauen ist gleichbedeutend mit, als neues Mitglied in die Familie aufgenommen zu werden. Griechische Taufen werden so glamourös zelebriert, wie Hochzeitsfeste. In der Regel wird das gesamte Dorf in die Vorbereitungen integriert: Lamm grillen, diverse Köstlichkeiten zubereiten und gemeinsam essen. Kleine Handtücher werden an Taufpaten und Gästen verschenkt. Vor allem das Leinentuch hat einen festen Platz in der kretischen Volkstradition, von der Geburt eines Menschen bis zu seiner Hochzeit. Die Leinen werden mit Motiven handbestickt, die die jeweiligen Handlungen, wie Taufe, Verlobung oder Hochzeit reflektieren.

"SYNTEKNOS"

"Derjenige, der das Baby mit Öl salbt, wird den Weinkranz auf sein Haupt setzen.".

Kretische Volkslieder handeln oft von der Tradition in der der Taufpate(synteknos) später auch der Trauzeuge(koumbaros/der beste Mann, der Ehrenvater) wird. Der Wein ist das Symbol der Fruchtbarkeit und bezieht sich auf die Kronen, die auf die Häupter von Braut und Bräutigam in der Trauung gelegt werden.

Großherzigkeit, die durch die göttliche Liebe ihren Ausdruck findet.

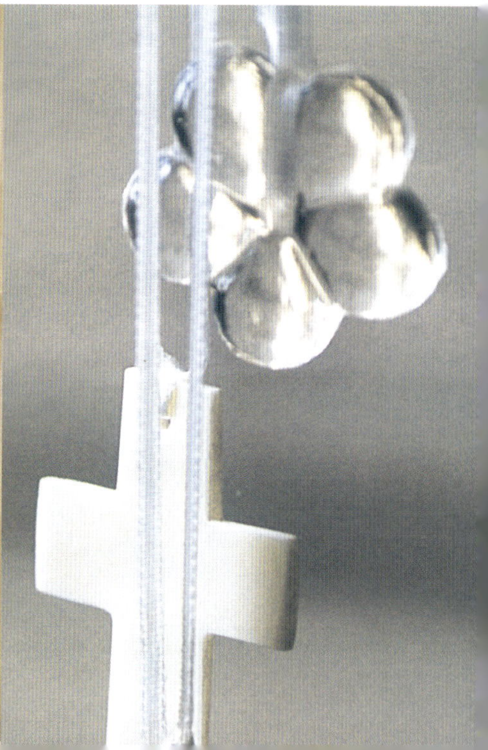

Hochzeit

Die kretische Hochzeit ist eine recht simple Angelegenheit: Das Brautpaar, [illegible]n Familien und 500 bis 1000 geladene Gäste.

1. September

Das Fest des Heiligen Nikolaos «Kourtaliotis» ist ein ganz besonderer Tag bei Agreco.

Jede Farm und jedes Dorf hat auf Kreta seinen eigenen Schutzheiligen. Agreco's Schutzpatron ist der hl. Nikolaos Kourtaliotis, ein regionaler Heiliger, der in engem Zusammenhang mit der "Kourtaliotiko-Schlucht" steht. Diese erstreckt sich bis zur Südküste der Provinz von Rethymnon hinaus. Der Sage nach soll sich der hl. Nikolaos, als er die Kourtaliotiko Schlucht durchwanderte, müde geworden und sich zum Schlafen niedergelegt haben. Am nächsten Morgen wachte er sehr durstig auf. Dem Verdursten schon nahe, berührte er einen Felsen aus dem sofort fünf Quellen zu sprudeln begannen. Für jeden Finger eine.

Diese Quellen existieren noch immer und stellen eines von vielen Geheimnissen der Schlucht dar.

WEIHRAUCH

Weihrauch (*Olibanum*) ist das getrocknete Harz von Boswellia-Sträuchern, die in Indien und Somalia wachsen, und gemahlen und mit anderen Harzen und ätherischen Ölen von Gardenien, Rosen oder Jasmin vermischt werden. Die Mischung entwickelt beim Verbennen in entsprechenden Weihrauchgefäßen einen charakteristisch balsamartigen, narktisierenden Geruch und wurde schon im 7. Jahrhundert v. Chr. Im antiken Griechenland bei vielen Kulten und Mysterien verwendet.

Küche & Rezepte

Alles was auf der Farm wächst kommt in der Küche zum Einsatz, wo der Chef von Agreco traditionell kretische Gerichte zubereitet, die in der Taverne als Menu serviert werden. Obst und Gemüse werden zu köstlichen Marmeladen und Löffelsüßes verarbeitet.

ES IST BESSER OLIVEN UND ZWIEBACK IM HAUS ZU HABEN, ALS SICH VON FREMDEM ZUCKER ZU ERNÄHREN. .

Kretische Volksweisheit

Schenken Sie sich ein Gläschen Raki ein, schließen Sie die Augen und stellen Sie sich einen großen Olivenbaum und schattenspendende Weinreben vor, die über den Holzbalken einer Pergola ranken. Hier auf der mit Steinen gepflasterten Terrasse der Farm hat man einen wunderbaren Ausblick auf die kretische Bucht und kann in vollen Zügen den Geschmack Kretas genießen.

BEI AUSGRABUNGEN IN KNOSSOS WURDEN WANDMALEREIEN GEFUNDEN, DIE ARTISCHOCKEN DARSTELLEN.

KRETISCHER ZWIEBACK IST EINER DER KLASSISCHSTEN UND BELIEBSTEN SNACKS AUF KRETA. ER WIRD 'KRETISCHE EULE' GENANNT. DA ER EINEM EULENKOPF ÄHNELT.

Frischer Artischockensalat

Aginarosaláta

ZUTATEN

5-6	**kleine zarte Artischocken, geviertelt**
3	**Zitronen**
	Olivenöl
	vinegar
	Essig
	Salz

ZUBEREITUNG

Die Artischocken putzen, schneiden, wenn sie gross sind, und in eine Schüssel Wasser legen, damit sie nicht schwarz werden. Vor dem Servieren die Artischocken mit den halbierten Zitronenhälften einreiben. Olivenöl, Salz, Zitronensaft oder Essig darüber geben.

Rezept für 4 Personen

Kretischer Zwieback

Koukouvágia (Eule)

ZUTATEN

5-6	**Stück kretischen Zwieback (*dakos*)**
1	**Tomate**
1	**Stück Schafskäse (Feta)**
2 - 3 El	**Olivenöl**
	Salz
	Zwiebel
	Oregano

ZUBEREITUNG

Den Zwieback wässern und anschliessend mit einem sauberen Handtuch trocknen. Tomaten und Feta reiben und auf den Zwieback auftragen, Salz, Olivenöl und Oregano darüber geben und nach Wunsch auch etwas geriebene Zwiebeln. Mit halbierten Oliven dekorieren und servieren.

Rezept für 4 Personen

Hyazinthenzwiebel

(A)skordouláki

ZUTATEN

1 kg	Hyazinthenzwiebel
	Olivenöl
	Essig
	Salz
	Knoblauch

ZUBEREITUNG

Die Hyazinthenzwiebel wie Zwiebeln schälen, gut waschen und in reichlich Wasser kochen. Das Wasser während des Kochens 2 bis 3 Mal wechseln. Wenn sie fertig sind, aus dem Wasser nehmen und zusammen mit Essig und Knoblauch in ein Glas füllen. Man serviert sie mit Olivenöl, Essig und Salz.

Rezept für 4 Personen

Opferspeise

Palikária

ZUTATEN

100 g	dicke weiße Bohnen
100 g	kleine braune Bohnen
100 g	Kichererbsen
100 g	Schälerbsen
100 g	Linsen
	Salz & Pfeffer
200 ml	Olivenöl
2	Zwiebeln
100 g	geschrotetet Weizen oder Bulgur
4 EL	Zitronensaft
1 Bund	Dill oder Frühlingszwiebeln

ZUBEREITUNG

Die dicken Bohnen, die braunen Bohnen und die Kichererbsen gut waschen, dann mit der vierfachen Menge Wasser (am besten in Tassen messen) zum Kochen bringen, im offenen Topf 2 Minuten richtig aufkochen, dann bei ausgeschaltetem Herd den Topf 1 Stunde lang zugedeckt stehen lassen (das erspart das Einweichen über Nacht). Durch ein Sieb gießen. Nur ein wenig Wasser zurück behalten. Mit den restlichen Zutaten abschmecken und warm servieren.

Rezept für 4 Personen

PALIKARIA IST EIN GERICHT MIT EINER JAHRTAUSENDEALTEN TRADITION AUF KRETA. VERMUTLICH WAR ES SCHON EINE OPFERSPEISE FÜR DIE MINOISCHEN GÖTTER. IN DIESE FASTENSPEISE KOMMT EINE HANDVOLL

VON JEDER HÜLSENFRUCHT, DIE IM HAUS IST – BOHNEN, ERBSEN, LINSEN, KICHERERBSEN, AUCH WICKEN – UND LUPINENKERNE UND DAZU SOGAR MAIS UND WEIZEN.

DIE ZUCCHINIBLÜTEN MUSS MAN ZEITIG IN DER FRÜH EINSAMMELN, WO SIE NOCH OFFEN SIND. SPÄTER SCHLIEßEN SICH DIE BLÜTEN UND KÖNNEN SOMIT NICHT MEHR GEFÜLLT WERDEN.

Gefüllte Zucchiniblüten mit Reis

Kolokythoanthí

ZUTATEN

20	**Zucchiniblüten**
150 g	**Reis, geschält**
2 EL	**Dill, feingeschnitten**
1 EL	**Minze, feingeschnitten**
30 g	**Zwiebeln, gerieben**
30 g	**Möhre, gerieben**
30 g	**Zucchini, gerieben**
30 g	**Tomaten, gerieben**
200 g	**Kartoffeln, in Scheiben geschnitten**
2 Prisen	**Salz**
2 Prisen	**Pfeffer**
200 ml	**Olivenöl**
10 ml	**Zitronensaft**

ZUBEREITUNG

Die Zucchiniblüten in kaltes Wasser legen, damit sie aufgehen und das Füllen erleichtern. In einer Schüssel den Reis mit allen anderen Zutaten (außer den Kartoffeln) vermischen und die Hälfte des Olivenöls zufügen. Die Masse mit einem Esslöffel vorsichtig in die Zucchiniblüten füllen. Die Kartoffelscheiben in einem Topf auslegen und die Zucchiniblüten mit der Öffnung nach unten nebeneinander auf die Kartoffeln legen (damit die Zucchiniblüten nicht auf dem Topfboden ankleben können). Den Topf mit Wasser füllen, bis die Zucchiniblüten gänzlich bedeckt sind und das restliche Olivenöl zufügen. Das Ganze salzen, pfeffern und mit Zitronensaft beträufeln. Mit einen Teller beschweren und dann auf mittlerer Flamme so lange kochen, bis der Reis alles Wasser aufgesogen hat.

Rezept für 4 Personen

DER OCTOPUS WAR EIN BELIEBTES MOTIV IN DER MINOISCHEN KERAMIKMALEREI.

Oktopus mit Fenchelgrün

Htapódi me máratho

ZUTATEN

1 kg	**Oktopus**
240 ml	**Rotwein, trocken**
3-4 El	**Olivenöl**
1 Bund	**Fenchelgrün, grob gehackt**
1,5 Tasse	**Petersilie, großblättrig , feingeschnitten**
2-3	**Kartoffeln, mittelgroß, in Scheiben geschnitten**

ZUBEREITUNG

Den Oktopus putzen und ohne Wasser in einen beschichteten Topf bei mittlerer Stufe kurz dünsten. Das eigene Wasser reicht völlig aus, sollte es jedoch zu früh verdunsten und der Oktopus noch nicht weich sein, dann kann mit wenig Wein nachgeholfen werden. Wenn der Oktopus weich geworden ist, aus dem Topf nehmen und in kleine Stücke schneiden. Die Augen und den Mund vorher entfernen. Anschließend Olivenöl in einen Topf erhitzen und die Kräuter darin kurz andünsten.

Die Oktopusstücke hineinrühren und den restlichen Wein zufügen. Am Ende die Kartoffeln mit in den Topf legen und das Ganze langsam weiterschmoren bis der Saft beginnt dick zu werden. Warm servieren.

Rezept für 4 Personen

Zackenbarsch mit Okras

Rofós me bámies

ZUTATEN

800 g	Zackenbarschfilet
700 g	Okras, frisch
200 ml	Olivenöl
4	Tomaten, mittelgroß, in Würfel geschnitten
1 EL	Petersilie, feingeschnitten
1 Prise	Pfeffer, schwarz
2 Prisen	Salz
	Saft von 1 Zitrone
1	Zwiebel, mittelgroß, feingeschnitten
250 g	Wasser

ZUBEREITUNG

Die Okras waschen und die Stiele abschneiden. Die gewürfelten Tomaten, Zitronensaft und Salz zufügen, alles gut miteinander verrühren und 4-5 Stunden ruhen lassen. Dabei nach zwei Stunden die Zutaten noch mal kurz verrühren.

In einer Kasserole die Zwiebeln in Olivenöl dünsten und die Okras mit dem Wasser zufügen und 15 Minuten schmoren. In der Zwischenzeit die Zackenbarschfilets in 8 Stücke schneiden und in die Kasserole zwischen dem Gemüse legen. Das Ganze mit Pfeffer und Petersilie abschmecken und 15-20 Minuten bei 160°-180° C backen. Anschließend den Fisch auf die Teller legen, das Gemüse rundherum verteilen und mit Petersilie bestreuen.

Rezept für 4 Personen

IN FRÜHEREN JAHREN, WO ES NOCH KEIN ELEKTRISCHES LICHT IN DEN KLÖSTERN GAB, WURDEN DIE FISCHE IN OLIVENÖL GEBRATEN UND MIT EINER SAUCE AUS ESSIG UND ROSMARIN ÜBERGOSSEN, UM SIE LÄNGER HALTBAR ZU MACHEN.

In den Zeiten der Christenverfolgung haben sich die Krypton-Christen untereinander erkenntlich gemacht, indem sie das Zeichen des Fisches dargestellt haben. Die Anfangsbuchstaben des griechischen Wortes für Fisch bedeuten:

I = Jesus, X = Christus, Θ = Gott, Y = Sohn, C = Erlöser

A P O L L O N S L O R B E E R B A U M , (*L A U R U S N O B I L I S*) , D E R I M M E R G R Ü N E B A U M , W I R D W E G E N S E I N E R D U N K E L G R Ü - N E N G L Ä N Z E N D E N U N D A R O M A T I S C H E N B L Ä T T E R A L S K Ü C H E N G E W Ü R Z B E S O N D E R S G E S C H Ä T Z T .

Stallhase *Stifado*

Stifádo

ZUTATEN

1	**Stallhase 2,5-3 kg**
3	**kleine Zwiebeln**
2 - 3	**Lorbeerblätter**
1 Suppenteller	**Tomaten, gerieben**
2	**Knoblauchzehen**
	einige Körner Nelkengewürz
1 Tasse	**Rotwein**
1 Tasse	**Olivenöl**

ZUBEREITUNG

Den Hasen oder das Kaninchen zerteilen. Die Zwiebeln schälen und in einige von ihnen eine Nelke stecken. Das Fleisch in heißem Olivenöl anbraten und die Zwiebeln dazugeben. Den Topf wenige Minuten abdecken und anschließend öffnen und eine große Tasse Rotwein hineingießen. Die Tomaten, Lorbeerblätter, Salz, Pfeffer und 2 Tassen Wasser dazugeben. Das Essen bei niedriger Hitze etwa eine Stunde kochen lassen. Mit Pommes frites servieren.

Rezept für 4 Personen

Schnecken

Hohlií

ZUTATEN

1 kg	**große Schnecken**
4-5	**Tomaten**
1/2 kg	**Zwiebeln**
1/2	**Knoblauchzehe**
1 Mokkatasse	**Essig**
1 Zweig	**Rosmarin**
	Salz & Pfeffer
1 ½ Tassen	**Olivenöl**

ZUBEREITUNG

Die Schnecken in eine Schüssel mit Wasser geben, so daß sie äußerlich aufweichen und anschließend die Schneckenhäuser mit einem Messer reinigen. Gut abwaschen und abtropfen lassen. In einem Topf die Zwiebeln und den Knoblauch in heißem Öl dünsten. Die pürierten Tomaten, Essig, Rosmarin, Salz, Pfeffer und 1 Glas Wasser dazugeben. Ungefähr 10 Minuten kochen lassen und in den Topf dazu geben. Das Ganze noch mal etwa 1 Stunde kochen.

Rezept für 4 Personen

IM ALTERTUM WAR ROSMARIN EIN SYMBOL DER SCHÖNHEIT.DIE MINOER VERWENDETEN IHN SOWOHL IN DER KÜCHE ALS AUCH FÜR DIE SCHÖNHEITSPFLEGE.

Boureki

Kolokythobúreko

ZUTATEN

1/2 kg	**Zucchini**
1/2 kg	**Kartoffeln**
3	**Tomaten**
350 g	**Schafskäse**
3 TL	**Minze, feingeschnitten**
2 TL	**Petersilie, feingeschnitten**
1 TL	**Pfeffer**
	Salz, je nach Salzgehalt des Käses
250 ml	**Olivenöl**
1/2 TL	**Oregano**

ZUBEREITUNG

Die Kartoffeln in runde dünne Scheiben schneiden und in eine Schale legen. Die Zucchini ebenfalls in dünne runde Scheiben schneiden und die geriebenen Tomaten ohne Schale auf die Zucchini verteilen. Minzeblätter, Petersilie, Salz und Pfeffer hinzugeben, miteinander verrühren und eine Weile ziehen lassen.

In einer weiteren Schale wird der Schafskäse mit der Hand zerbröselt. Eine backofenfeste Form mit einem Durchmesser von ca. 25 cm mit Olivenöl bestreichen und die Hälfte der Kartoffeln damit auslegen. Darauf wird der zerbröckelte Schafskäse und die Zucchini/Tomaten Mischung abwechselnd gelegt, so dass sich insgesamt jeweils drei Schichten ergeben. Mit den restlichen Kartoffeln wird die Form abgedeckt und mit Olivenöl und Oregano übergossen.

Die Backform in den auf 320°C vorgewärmten Ofen legen und die Temperatur auf 190°C runterschalten, sobald die Flüssigkeit zu köcheln anfängt. Danach noch ca 30 Minuten backen oder bis die Kartoffeln weich sind.

Eine Schicht Zucchinischeiben legen und darüber einige Stücke Feta – Käse, Minze und Öl. Anschließend eine Schicht Kartoffeln und so Schicht für Schicht Zucchini und Kartoffeln abwechselnd legen. Wenn man fertig ist, gießt man die Creme fraiche darüber und schiebt das Blech ca. 1,5 Stunden in den Backofen. Lauwarm oder kalt servieren.

Rezept für 4 Personen

MINZE (*MÉNTHA*) IST FÜR IHRE HEILENDEN EIGENSCHAFTEN BERÜHMT. WUSSTEN SIE, DASS TEE AUS AUFGEBRÜHTEN MINZEBLÄTTERN ÜBELKEIT MILDERT? BASILIKUM (*OCIMUM BASILICUM*) ZEIGT ÄHNLICHE WIRKUNG UND HILFT SOGAR BEI FIEBRIGEN ERKRANKUNGEN.

Apaki Salat

Saláta me roka, spanaki ke apaki

ZUTATEN

80	gr	Rucolablätter, frisch
80	gr	Spinatblätter, frisch
120	gr	*Apaki* (geräuchertes Schweinefleisch)
30	gr	Olivenöl
40	gr	Weißwein, trocken
20	gr	Balsamico, weiß
50	gr	kretischer Gravierakäse oder Gruyere, gerieben
20	gr	Tomaten, gewürfelt
		Salz, zum Abschmecken

ZUBEREITUNG

Nehmen Sie nur die frischen Salatblätter und entfernen Sie die bräunlichen. Die Salatblätter unter fließendem Wasser putzen. Anschließend 10 Minuten ruhen lassen, damit das Wasser verdunsten kann. Danach erst die Blätter mit der Hand zu kleinen Stücken brechen. Das *Apaki*-Fleisch in 2 cm dünne Streifen schneiden und in einer Pfanne oder einem tiefen Brater mit Olivenöl sautieren. Ist das Fleisch gar, wird es mit Weißwein und Balsamico abgeschmeckt. Das Ganze noch ca. 2 Minuten andünsten.

In der Zwischenzeit die Salatblätter auf einer Servierplatte auslegen und das *Apaki* darauf verteilen. Mit Bratensaft übergießen und den Käse darauf garnieren. Die Tomatenwürfel über die gesamte Platte streuen und den Salat sofort servieren.

Rezept für 4 Personen

***APAKI* (*APAHI*: OHNE FETT) IST EINE TYPISCH KRETISCHE SPEZIALITÄT UND GILT ALS EINE FORM DER FLEISCHKONSERVIERUNG FÜR MAGERES FLEISCH. DABEI WIRD DAS FLEISCH IN STREIFEN GESCHNITTEN, FÜR EINEN TAG IN ESSIG EINGELEGT, ANSCHLIEßEND IN AROMATISCHEN KRÄUTERN GERÄUCHERT UND IN EINER LAGE AUS GEWÜRZEN EINGEROLLT. NUR SO ENTWICKELT ES SEINEN TYPISCHEN, LEICHT SÄUERLICHEN, AROMATISCHEN GESCHMACK.**

Zitronenhähnchen aus dem Backofen

Kotópulo sto fúrno me patátes

ZUTATEN

1	Hänchen, pfannenfertig
	Salz & Pfeffer
1	Knoblauchzehe
1 Zweig	Rosmarin oder Salbei
100 ml	Olivenöl
750 g	Kartoffeln, mittelgroß
2	große Zitronen
2 Tassen	Wasser
1 Bund	Petersilie

ZUBEREITUNG

Das Hähnchen waschen, gut abtrocknen, innen und außen mit Salz und Pfeffer einreiben, die halbierte Knoblauchzehe und den Kräuterzweig in den Bauch stecken.

Das Brathuhn in eine geölte Backpfanne legen. Die gewaschenen, geschälten und halbierten Kartoffeln um das Huhn herumlegen, leicht salzen, den Saft der Zitronen über alles gießen, etwas Wasser dazugeben.

Im vorgeheizten Backofen bei 200° C das Hühnchen etwa 1 Stunde braten, dabei einmal umdrehen, damit es rundherum knusprig wird. Kartoffeln öfter wenden und Hühnchen mit der Brühe begießen. Eventuell heißes Wasser dazugießen. Kurz vor dem Herausnehmen, wenn es schon braun ist, das Huhn mit kaltem Salzwasser bespritzen. Vor dem Servieren in Viertel schneiden, die Kartoffeln hübsch dazulegen, mit gehackter Petersilie bestreuen.

Rezept für 4 Personen

DIE MINOER HATTEN DIE GEWOHNHEIT, DAS OLIVENÖL MIT KRÄUTERN, WIE THYMIAN (*THYMUS VULGARIS*) ODER ROSMARIN (*ROSMARINUS OFFICINALIS*), EIN BEDEUTENDES GEWÜRZ IN DER KRETISCHEN KÜCHE, DAS IN BUSCHIGEN REGIONEN KRETAS WÄCHST, ZU AROMATISIEREN.

DIE TIERE, DIE AUF EINER FARM GEHALTEN WERDEN, WERDEN NICHT NUR ALS SCHLACHTVIEH GROßGEZOGEN. SIE NEHMEN AM LEBEN DER FARM AKTIV TEIL. TRADITIONELL WURDE AUF KRETA LAMM- ODER ZIEGENFLEISCH FÜR FESTLICHE EREIGNISSE RESERVIERT, OBWOHL AUCH SCHWEINFLEISCH UND IN GERINGEN MENGEN RINDFLEISCH, IN DEN LOKALEN GERICHTEN VORKOMMEN.

Fleischtorte

Túrta Paschaliní or Kreatóturta

ZUTATEN

Für die Füllung

1,5 kg	Lammfleisch, am besten Schulter
450 g	Misithra, griechischer Weichkäse
225 gr	Mozarella
3 EL	Mascarpone
3 EL	Pfefferminze, frisch
	Salz, Pfeffer, zum Abschmecken
	Zitronensaft, zum Abschmecken

Für den Teig

450 g	Mehl
1	Päckchen Trockenhefe
240 ml	Milch, zimmertemperiert
1	Ei, geschlagen
1	Prise Salz

ZUBEREITUNG

Das Fleisch für einige Stunden in Salz, Pfeffer und Zitronensaft marinieren. Anschließend in einen tiefen Topf legen und mit Wasser ganz bedecken. Einmal kurz aufkochen lassen und auf kleiner Flamme ca. 1 Stunde schmoren. Wenn das Fleisch gar geworden ist abkühlen lassen, die Knochen entfernen und das Fleisch in 5 cm dicke Scheiben schneiden. Anschließend würzen. Die Käsesorten in einem separaten Behälter miteinander verrühren. Für den Teig das Mehl sieben und in die Mitte eine kleine Mulde bilden. Die Hefe in lauwarmen Wasser auflösen und zusammen mit Milch und dem geschlagen Ei in die Mulde gießen. Mit den Händen zu einem festen Teig verrühren und an einem warmen Ort ruhen lassen, solange das Fleisch noch kocht.

Den Backofen auf 190° C vorheizen. Den Teig in zwei Teile teilen. Der Teil, der zum Abdecken genommen wird, sollte etwas größer sein. Ein Backblech einfetten, den größeren Teil des Teiges ausrollen und das Backblech damit auslegen. Der Teig sollte dabei etwas größer als das Backblech sein und sollte nicht zu dünn sein. Der Teig, der zum Abdecken benutzt wird, sollte dagegen sehr dünn sein. Auf den Teig nun der Reihe nach Käse, Fleisch, Minze und wieder Käse übereinander legen und mit dem Teig abdecken. Den oberen Teig mit dem überschüssigen Teil des unteren Teiges, der seitlich aus dem Topf herausragt, verbinden und die Torte schließen. Mit einem scharfen Messer an einigen Stellen in den Teig schneiden. Die Teigoberfläche mit einem geschlagenen Ei pinseln und nach Belieben etwas Sesam darüber streuen. Die Fleischtorte 30 Minuten backen bis die Kruste leicht zu bräunen beginnt.

Rezept für 8-10 Personen

Lamn mit Löwenzahn in Ei-Zitronen-Soße

Arní me radíkia avgolémono

ZUTATEN

1 kg	**Lamn (Beinfleisch) , 4 Stücke**
1,4 kg	**Löwenzahn**
150 ml	**Olivenöl**
60 ml	**Zitronensaft**
3	**Frühlingszwiebeln, feingeschnitten**
120 ml	**Weißwein, trocken**
2	**Eigelb**
400 ml	**Wasser**
2 Prisen	**Salz**
1 Prise	**Pfeffer**

ZUBEREITUNG

Den Löwenzahn putzen. Zwiebeln in Olivenöl in einem Topf 2 Minuten anbraten und das Lammfleisch zufügen und 5 Minuten mitbraten. Mit dem Wein ablöschen, den Topf schließen und 2 Minuten gemeinsam schmoren. Salzen, pfeffern, das Wasser zufügen und 25 Minuten weiter schmoren. Anschließend den Löwenzahn zufügen und weitere 15 Minuten dünsten, dabei immer wieder alles miteinander verrühren. Wenn das Lammfleisch zu wenig Wasser hat, kann ab und an etwas Wasser zusätzlich zugefügt werden.

Für die Soße die Eigelb mit dem Zitronensaft in einer Schüssel kräftig schaumig schlagen und langsam den Bratensaft aus dem Fleischtopf unterheben. Das Gemüse auf die Teller verteilen, das Lamm darauf setzen und die Ei-Zitronen-Soße darüber gießen.

Rezept für 4 Personen

DIE SIEGER DER OLYMPISCHEN WETTKÄMPFE, WURDEN ZU EHREN DES ZEUS MIT EINEM ZWEIG (*KOTINOS*) VOM WILDEN ÖLBAUM IM HEILIGEN OLYMPIA GEEHRT.

Lamm in Joghurtsoße

Arnáki me yiaúrti

ZUTATEN

1,5 kg	Lammschenkel oder Schulter
300 g	Joghurt, 0 % Fett
2	Eier, geschlagen
2 - 3	Knoblauchzehen, in dünne Scheiben geschnitten
2 EL	Olivenöl
	Zitronensaft, Meersalz, Thymian oder Oregano, Pfeffer, zum Abschmecken
	einige dünne Weinstöcke, falls vorhanden

ZUBEREITUNG

Das Lammfleisch putzen, mit viel Meersalz einreiben und über Nacht im Kühlschrank ziehen lassen. Anschliessend gut abtupfen, an vielen Stellen kleine Ritzen ins Fleisch schneiden und in jede Ritze eine Scheibe Knoblauch hineinlegen. Mit Olivenöl und Zitronensaft beträufeln und mit Thymian und Pfeffer würzen.

Den Backofen auf 200° C vorheizen. Die Weinstockzweige auf ein Backblech verteilen. Das Lammfleisch darauf legen und das Lammfleisch solange backen bis es fast durch ist. Zu diesem Zeitpunkt können sie die Weinstockzweige entfernen. Die Eier und den Joghurt mit dem Bratensaft verrühren und die Soße über das Fleisch gießen. Anschliessend das Lammfleisch 30-45 Minuten wieder in den Ofen legen. Das Gericht ist servierfertig, wenn die Joghurtsoße fest wird.

Rezept für 6 Personen

DAS LAMM ALS OPFERTIER, DAS MAN ZU BESONDEREN FESTTAGEN AM ALTAR DER VEREHRTEN GOTTHEIT SCHLACHTETE UND OPFTERTE, SPIELTE IN DER ANTIKE IM KULT DER GÖTTER EINE BEDEUTENDE ROLLE.

Schweinefleisch mit Wildgemüse

Hirinó me tsitsiristá chórta

ZUTATEN

1 kg	Schweinefleisch
1/2 kg	Wildgemüse
2-3	Zwiebeln
	Salz & Pfeffer
1 Tasse	Olivenöl

ZUBEREITUNG

Das Wildgemüse putzen und gut waschen. Das Fleisch waschen. Das Fleisch waschen und in Portionen schneiden. Das Fleisch in heißem Öl schmoren und wenn es halb gar ist, das kleingeschnittene Wildgemüse und die gehackten Zwiebeln dazugeben. Mit Salz und Pfeffer bestreuen, den Topf schließen, in eine kleinere Stufe schalten und das Essen in seinem Saft ungefähr 1,5 Stunde schmoren lassen.

Rezept für 4 Personen

CHORTA-WAS MANCH EINEM ALS UNKRAUT ERSCHEINEN MAG-DIE KRETER MACHEN EINE DELIKATESSE DARAUS. WILDKRÄUTER WIE LÖWEZAHN, ACKER-SENF & CO. SIND EBEN-SO SCHMACKHAFT WIE GESUND. AUFESSEN IST IN DIESEM FALL DIE BESTE UNKRAUTVER-TILGUNG.

Rindfleisch mit Quitten

Moshári me kydónia

ZUTATEN

1 kg	Rindfleisch, Schulter oder Keule, gewürfelt
1,5 kg	Quitten, frisch
50 ml	Weißwein, trocken
300 ml	Rindfleischbrühe
10 g	Salz
3 g	Pfeffer
1	Zwiebel mittelgroß, feingeschnitten
1	Tomate, abgezogen und püriert
1	Lorbeerblatt
1	Zimtstange
1 EL	Zucker
1 Tasse	Olivenöl
	Saft von einer Zitrone

ZUBEREITUNG

Das Olivenöl in einem Topf erhitzen und das Fleisch darin anbraten, bis das Wasser ganz verdunstet ist. Anschließend mit Weißwein ablöschen. Wenn der Wein ebenfalls verdampft ist, Rindfleischbrühe, Lorbeerblatt, Zimtstange und Zucker zufügen. Die Zwiebel mit der Tomaten aufkochen, passieren und in dem Topf mit dem Fleisch einrühren. Das Rindfleisch 45 Minuten bei mittlerer Herdhitze kochen. In der Zwischenzeit die Quitten schälen und wie Backkartoffeln in dicken Streifen schneiden. Damit sie nicht dunkel werden in einem Behälter mit Wasser und Zitronensaft hinein legen. Wenn das Fleisch fast gar ist, die Quittenscheiben zufügen und für weitere 15-20 Minuten schmoren. Das Gericht wird ohne zusätzliche Beilage und nur mit Brot serviert.

Rezept für 4 Personen

KRETISCHER KAVIAR OLIVENPASTE: DIP AUS GRÜNEN UND SCHWARZEN OLIVEN. NICHT NUR DIE GANZEN, SONDERN AUCH DIE ZERSTAMPFTEN OLIVEN SIND ÄUSSERST SCHMACKHAFT. NICHT UMSONST WURDE DIE KRETISCHE KAVIAR-OLIVENPASTE VON DEN ALTEN GRIECHEN ALS APPETITANREGER AUF KLEINE BRÖTCHEN GESTRICHEN, GENOSSEN.

Gebäck aus *Sfakia*

Sfakianés pítes

ZUTATEN

Für den Blätterteig

1/2 kg	**Mehl**
1 Ei	
3 EL	**Öl**

Für die Füllung

1/2 kg	**Mizithra (Frischkäse)**
	Zimt
	Honig

ZUBEREITUNG

Das Mehl in eine Schüssel geben, das geschlagene Ei, Öl und soviel Wasser wie nötig dazugeben, bis ein mittelfester Teig entsteht, nicht zu fest, aber auch nicht zu weich. Man bereitet die Füllung, indem man alle Zutaten vermischt. Man teilt den Teig in kleine Ballen und wellt sie etwa desserttellergroß aus. Man gibt etwas Füllung darauf, faltet den Teig von den Seiten her zusammen, drückt ihn im Zentrum fest und backt das Gebäck in einer Pfanne mit nur sehr wenig Öl, wobei man es aber ständig wendet, um ein Ankleben zu verhindern. Mit Honig übergossen servieren.

Rezept für 10 Stück

GENIESSEN SIE DIESES HAUSGEMACHTE GEBÄCK, GEFÜLLT MIT KÄSE AUS SFAKIA, HAUSGEMACHTEN QUITTEN UND PINIENKERNEN.

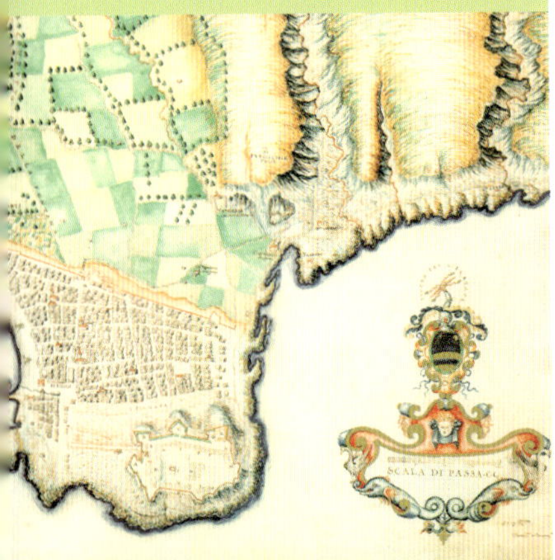

IN DER ANTIKE BETRACHTETE MAN DIE NAHRUNGSMITTEL HONIG UND MILCH ALS GESCHENKE DER NATUR. SIE DIENTEN EINER REICHHALTIGEN UND WERTVOLLEN ERNÄHRUNG VON MENSCHEN, HELDEN UND GÖTTER.

Frischkäseteigtaschen

Lychnarákia - kalitsúnia

ZUTATEN

Für den Teig

1/2 kg	**Mehl**
1 Tasse	**Milch**
1 EL	**Olivenöl**
	Wasser

Für die Füllung

1/2 kg	**Mizithra**
1/2 kg	**Anthotiros**
4	**Eier**
1-2	**Minzeblätter**
	Sesam

ZUBEREITUNG

Alle Zutaten für den Teig gut miteinander vermischen und stehen lassen. In einer Schüssel die Mizithra, den geriebenen Anthotiros, Eier und Minze miteinander vermischen. Den Teig auswellen und je nach gewünschter Grösse der Käseteigtaschen mit einer Tasse oder einem Glas ausstechen und mit einem Löffel die Füllung darauf geben. Anschliessend den Teig so einschlagen, dass die Füllung in der Mitte etwas sichtbar ist und die Käseteigtaschen wie Sternen aussehen. Am Ende die Käseteigtaschen auf ein eingeöltes Blech legen und mit Ei bestreichen. Wenn man mochte, kann man etwas Sesam darüber streuen. Etwa eine Stunde bei mittlere Hitze backen.

Rezept für 24 Teighen

NUTZEN SIE DIE MAGIE, UM EINEN LIEBESZAUBER ZU BESCHWÖREN. STREUEN SIE DAZU EINIGE SALZKÖRNER IN EINE KERZENFLAMME. STELLEN SIE SICH IHREN GELIEBTEN VOR, SPRECHEN SIE DABEI LAUT SEIN NAMEN UND SINGEN SIE: «SALZ, SALZ, ICH STREUE DICH ÜBER DAS FEUER, DAMIT MEIN LIEBSTER NUR MICH BEGEHRT». UND BEIM NÄCHSTEN TREFFEN LEGEN IHM SPIELERISCH EIN SALZKORN AUF DIE ZUNGE.

Liebesknoten

Xerotígana

ZUTATEN

1 kg	**Weizenmehl**
1/2 Tasse	**Zucker**
1 Mokkatasse	**Traubenshnaps**
1 Tasse	**Nüsse, grob gemahlen**
1/2 Tasse	**Sesam**
	Zimt
	Honig
1 Tasse	**Olivenöl**
	Öl zum Braten

Für den Sirup

1,5 Tassen	**Zucker**
2,5 Tassen	**Wasser**

ZUBEREITUNG

Öl, Zucker und den Schnaps in eine Schüssel geben und unter ständigem Rühren langsam das Mehl und Wasser dazugeben. Wenn der Teig, der ziemlich fest und leicht zu formen sein soll, fertig ist lässt man ihn etwa eine Stunde stehen. Anschließend wellt man mit der Hand oder mit Hilfe einer Maschine den Teig sehr dünn aus und schneidet ihn in Streifen von 3 cm Breite und 30-40 cm Länge.

Öl in eine Pfanne erhitzen und anschließend einen Streifen nach dem anderen am Ende mit einer Gabel halten und mit Drehbewegungen in das heiße Öl geben, so daß er in der Pfanne die Form eines Nestes annimmt. Man kann das Nest auch zuvor auf dem Tisch formen und dann ins heiße Öl legen.

Sobald die Xerotigana Farbe annehmen, nimmt man sie aus der Pfanne und legt sie auf ein Papier, das das überflüssige Öl aufsaugt. Den Sirup bereiten und sobald die Xerotigana erkaltet sind, eines nach dem anderen für ein bis zwei Minuten in den Sirup legen. Anschließend auf eine Platte legen und mit Honig, Nüssen, Sesan und Zimt garnieren.

Rezept für 70 Stück

Minoisches Ambrosia

Minoikí ambrosía

ZUTATEN

500 g	Früchte der Saison, Banane, Apfel, Birne, Erdbeere, Pfirsich, Kiwi etc.
500 g	Joghurt, 10% Fett
125 g	Walnüsse, grob gehackt
4 EL	Honig
	Minzeblätter, zum Garnieren

ZUBEREITUNG

Alle Früchte in kleine Würfel schneiden. In kleine Schälchen verteilen und mit Joghurt abdecken. Die Walnüsse darüber geben und mit Minzeblätter garnieren.

Rezept für 4 Personen

DIE ALTEN GRIECHEN HIELTEN DIE WALNÜSSE FÜR EIN SYMBOL DER FRUCHTBARKEIT.

Begriffszeichen Linear B Schrift, der Honig repräsentierend.

UMRECHNUNGS TABELLEN

UMRECHNUNG NACH VOLUMEN

60 ml	1/4 einer Tasse
80 ml	1/3 einer Tasse
120 ml	1/2 Tasse
160 ml	2/3 einer Tasse
240 ml	1 Tasse

UMRECHNUNG NACH GEWICHT

5 gr	1 Kuchenlöffel
15 gr	1 Suppenlöffel
28 gr	2 Suppenlöffel
55 gr	1/4 einer Tasse
112 gr	1/2 Tasse
228 gr	1 Tasse
454 gr	2 Tassen
1000 gr	1 Kilogramm

SONSTIGES

1 Tasse ungesiebtes Mehl	140 gr
1 Tasse Reis oder Zucker	200 gr
1 Tasse Butter	220 gr
1 Tasse geriebenen Käse	120 gr
1 Tasse gehackte Nüsse	150 gr

Die Erfinder von Agreco

DER GRÜNDER

Nikos Daskalantonakis

"Meine Familie stammt von einem Ort ab, wo Gastfreundschaft seit Tausenden von Jahren kontinuierlich erprobt wurde"

Einen Kreter zu kennen ist, wie das Leben zu verstehen – und Nikos Daskalantonakis ist zweifelsohne der lebendige Beweis dafür, dass für einen Kreter der "archondas" (deutsch: Fürst) ein Mensch ist, der sich nicht allein durch materielle Werte auszeichnet. Er ist geistreich und couragiert. Bekannt für seine Großzügigkeit, Mildtätigkeit, Weisheit und Liebe. Der tief verwurzelte Glaube an die Fülle des Lebens und der aufrichtige Wunsch alle schönen Dinge des Lebens mit anderen zu teilen, führten ihn zur Beschäftigung mit dem Hotelgewerbe. Bis dahin war er im Olivenölhandel tätig, einem Geschäft, dessen Spuren auf Kreta bis in die Minoische Zeit zurückreichen. Durch die Erfahrungen in der Olivenölbranche fühlte er sich enger mit seiner Heimatinsel Kreta verbunden, so dass ein neuer Traum in ihm erwachte. Agreco, eine Modelfarm, die zwei Dinge in sich einschloss: Traditionelle Erntemethoden und organische Anbauweisen, die auf Jahrtausendalten Erfahrungen basieren. Nur so lässt sich seiner Ansicht nach Landwirtschaft in Einklang mit der Natur und den Ökosystemen herstellen, die im ursprünglichen Kreta die Essenz natürlichen Lebens darstellen.

DIE VISIONÄRIN

Mari Daskalantonaki

"Die Erinnerungen leben in der Gestaltung eines Gebäudes weiter fort. Bewahren in den Räumen Tradition und Geschichte eines Landes und seiner Menschen."

Vollkommen inspiriert vom Traum ihres Vaters, traditionelle Agrarkultur wiederzubeleben, stellte sich Mari ein Farmhaus mit der simplen rustikalen Eleganz im kretisch-venezianischen Stil vor. Im Zentrum des Anwesens eine Raki- Brennerei, eine Olivenpresse und Gästehäuser. Dazu Werkstätten mitten der Feld- und Obstplantagen.

DER ARCHITEKT

Yiannis Pertsalakis

"Ein Gebäude sollte die Harmonie seiner natürlichen Umgebung wiederspiegeln.""

Jiannis Pertselakis ist der Mann, der die Vision der Daskalandonakis Familie Wirklichkeit werden ließ. Er gestaltete die Farm und ihre Umgebung nach den Prinzipien und Vorbildern einer längst vergangenen Ära.

DER PHILOSOPH

Kostas Boujiouris

"Es begeistert mich zu sehen, wie die Erde aus einem Samenkorn etwas Grosses entstehen lässt."

Kostas Bougiouris ist Agronom und entwickelte das Konzept der Agreco Farm, welches auf traditionelle und ökologische Anbaumethoden beruht. Es ist ihm wichtig, dass die Menschen den Sinn einer gesunden Ernährung erkennen und dass sie wissen, was zu einem menschlichen Lebenskreis gehört.

DER GOURMET

Dimitris Kalaitzidakis

"Ein Menu für Agreco zu kreiren, war wie Poesie schreiben."

Dimitris, General Manager im "Grecotel Creta Palace", ist ein echter Kreter. Geschickt kombiniert er Lebensfreude mit einer tief verwurzelten Liebe und dem Respekt für alles Zurückliegende. Um ein Agreco Menu zu gestalten, verließ er sich auf sein fundiertes Wissen über die lokalen kulinarischen Traditionen.

Die Menschen der Farm

Tina Daskalantonaki

"Wenn ich in Athen bin und das Gefühl habe die Zeit rennt mir unten den Fingern davon, denke ich an die Farm und ihre Tiere."

Tinas Leidenschaft ist es den einfachen Dingen des Lebens eine neue Perspektive zu geben. Die Agreco Farm ist das perfekte Anwesen für innovative Geschäftsleute, die das Leben auch anders ohne jegliches Schubladendenken betrachten.

Vagelis Detorakis

"In Agreco mache ich das was ich von Kindesbeinen an kannte und weswegen ich meine Schulaufgaben vergaß."

Der Werdegang vom Bankdirektor bis hin zum Farmer aus Leidenschaft scheint ungewöhnlich, jedoch hat ihm seine Erfahrung gelehrt, dass das Glück nicht in materiellen Dingen liegt.

Eva Maravelaki

"Agreco bedeutet für mich keine Arbeit, eher ein zu Hause."

Eva hat sich für die Arbeit auf der Agreco Farm entschieden, weil sie hier in Vergessenheit geratene kretische Traditionen, wiederbeleben kann.

Nikos Lironis

"Hier schließt sich der Kreis und wir kehren zu unseren Ursprüngen zurück."

Für Nikos, den „gute Geist von Agreco" ist die Gastfreundschaft ein Teil der lebenden Tradition Kretas und das Erbe jedes Kreters. Seine größte Freude ist es lachende und zufriedene Gäste in der Taverne zu bedienen.

Nikos Orfanakis & Eleftheria Orfanaki

"Die Essenz der Kochkunst liegt für uns in den Zutaten. Auf Agreco kochen wir nur mit Obst und Gemüse der Saison."

Nikos und seine Frau Eleftheria sind ruhig und gelassen und bereiten täglich mit viel Liebe und Sorgfalt das Abendessen auf der Agreco Farm zu. Das Ergebnis: überwältigend!

Redaktion:
Mari Daskalantonaki, Tina Daskalantonaki,
Diane Shugart, Eleni Giakoumaki, Voula Liaka

Fotographie: **Heinz Troll**

Text: **Marianthi Milona**

Projektmanagement: **Eleni Giakoumaki**

Druck: **Typokreta**

ISBN: **960-87769-5-3**

Wir bedanken uns bei dem gesamten Personal der Agreco und Grecotel Creta Palace und insbesondere bei Vagelis Detorakis, Eva Maravelaki, Nikos Lironis, Nikos Orfanakis, Eleftheria Orfanaki, Anna Papadaki und Alexis, Dimitris Kalaitzidakis, Michalis Minadakis, Dimitris Staikopoulos, Kostas Nikolakakis, Tassos Lykos, Giorgos "Kafetzis" Iliakis. Ein herzliches Dankeschön an Frau Eleni Kalikaki für die Bereistellung Ihrer Hochzeitsbilder, Herr Vassilis Kefalas für die Bereistellung von diversen Taufbildern, Frau Maria Giakoumaki für Ihre Hilfestellung bei der Erstellung dieses Buches, Frau Maria Tsirimonaki für ihre wertvollen Informationen über folkloristische Traditionen.

BIBLIOGRAPHIE

ÄGÄISCHE SCHÄTZE: 100 + 1 KOSTLICHE REZEPTE
GRECOTEL
www.grecotel.gr

TINA'S BLACK BOOK, SPOIL ME IN BEAUTY
von **Tina Daskalantonaki** Verlag: **Fereniki Edition**
www.tinasblackbook.com

OLIVE OIL, A WAY OF LONG LIFE
von **Stella Kalogeraki** Verlag: **Mediterraneo**
www.mediterraneo.gr

FEASTING & FASTING IN CRETE
von **Diana Farr Louis** Verlag: **Kedros**

HEALTH WITH THE CRETAN DIET
von **Stefanie Latzin** Verlag: **Wilhelm Heyne Munich**

AGRECO

Adelianos Kampos, Adele GR 74 100 Rethymno Kreta Griechenland
Tel.: +30 28310 72 129 +30 28310 72 761 +302831020750
e-mail: info@agreco.gr

Für weitere Informationen tel.:+30 210 7280300
e-mail: info@grecotel.gr
www.grecotel.gr